BELONGS TO

Student Contact

Student _____	Gardian _____
Phone _____	Email _____

Student _____	Gardian _____
Phone _____	Email _____

Student _____	Gardian _____
Phone _____	Email _____

Student _____	Gardian _____
Phone _____	Email _____

Student _____	Gardian _____
Phone _____	Email _____

Student _____	Gardian _____
Phone _____	Email _____

Student _____	Gardian _____
Phone _____	Email _____

Student _____	Gardian _____
Phone _____	Email _____

Student _____	Gardian _____
Phone _____	Email _____

Student _____	Gardian _____
Phone _____	Email _____

Student _____	Gardian _____
Phone _____	Email _____

Student Contact

| Student _____ | Gardian _____ |
| Phone _____ | Email _____ |

| Student _____ | Gardian _____ |
| Phone _____ | Email _____ |

| Student _____ | Gardian _____ |
| Phone _____ | Email _____ |

| Student _____ | Gardian _____ |
| Phone _____ | Email _____ |

| Student _____ | Gardian _____ |
| Phone _____ | Email _____ |

| Student _____ | Gardian _____ |
| Phone _____ | Email _____ |

| Student _____ | Gardian _____ |
| Phone _____ | Email _____ |

| Student _____ | Gardian _____ |
| Phone _____ | Email _____ |

| Student _____ | Gardian _____ |
| Phone _____ | Email _____ |

| Student _____ | Gardian _____ |
| Phone _____ | Email _____ |

| Student _____ | Gardian _____ |
| Phone _____ | Email _____ |

Grade Tracker

Student	Assignment									

Grade Tracker

Student	Assignment									

Grade Tracker

Student	Assignment									

Assessments Checklist

Student Name	Date						Note

Assessments Checklist

Student Name	Date						Note

Assessments Checklist

Student Name	Date							Note

Attendance

Name	Date																														

Monthe Of:

Week of

Goal

○ ------------------------------
○ ------------------------------
○ ------------------------------
○ ------------------------------
○ ------------------------------
○ ------------------------------

Important dates

▸ ------------------------------
▸ ------------------------------
▸ ------------------------------
▸ ------------------------------
▸ ------------------------------

Monday ⁂

Tuesday ⁂

Wednesday ⁂

Thursday ⁂

Monthe Of:

Friday ─────────────

Saturday ─────────────

Sunday ─────────────

I am grateful for

Notes

Ideas for the next week

Monthe Of:

Week of

Goal

- ○ ------------------------------
- ○ ------------------------------
- ○ ------------------------------
- ○ ------------------------------
- ○ ------------------------------
- ○ ------------------------------

Important dates

- ▶ ------------------------------
- ▶ ------------------------------
- ▶ ------------------------------
- ▶ ------------------------------
- ▶ ------------------------------

Monday _____

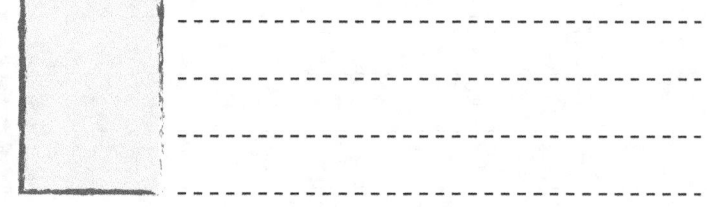

Tuesday _____

Wednesday _____

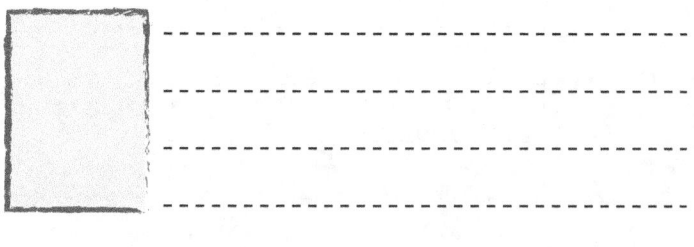

Thursday _____

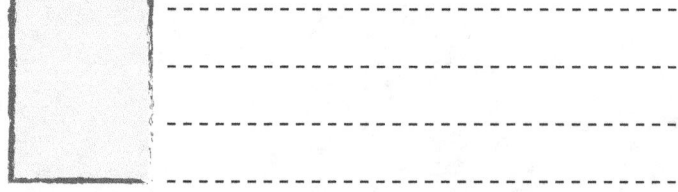

Monthe Of:

Friday

Saturday

Sunday

I am grateful for

Notes

Ideas for the next week

Monthe Of:

Week of

Goal

○ ------------------------------
○ ------------------------------
○ ------------------------------
○ ------------------------------
○ ------------------------------
○ ------------------------------

Important dates

▶ ------------------------------
▶ ------------------------------
▶ ------------------------------
▶ ------------------------------
▶ ------------------------------

Monday ────────
```
----------------------------
----------------------------
----------------------------
----------------------------
----------------------------
```

Tuesday ────────
```
----------------------------
----------------------------
----------------------------
----------------------------
----------------------------
```

Wednesday ────────
```
----------------------------
----------------------------
----------------------------
----------------------------
----------------------------
```

Thursday ────────
```
----------------------------
----------------------------
----------------------------
----------------------------
----------------------------
```

Monthe Of:

Friday

Saturday

Sunday

I am grateful for

Notes

Ideas for the next week

Monthe Of:

Week of

Goal

- ○ ----------------------
- ○ ----------------------
- ○ ----------------------
- ○ ----------------------
- ○ ----------------------
- ○ ----------------------

Important dates

- ▶ ----------------------
- ▶ ----------------------
- ▶ ----------------------
- ▶ ----------------------
- ▶ ----------------------

Monday ⎯⎯⎯⎯⎯⎯⎯⎯⎯

Tuesday ⎯⎯⎯⎯⎯⎯⎯⎯⎯

Wednesday ⎯⎯⎯⎯⎯⎯⎯⎯⎯

Thursday ⎯⎯⎯⎯⎯⎯⎯⎯⎯

Monthe Of:

Friday

Saturday

Sunday

I am grateful for

Notes

Ideas for the next week

Meeting Log

Month of:

Date __/__/__ Duration	Agenda	Notes
Date __/__/__ Duration	Agenda	Notes
Date __/__/__ Duration	Agenda	Notes
Date __/__/__ Duration	Agenda	Notes

Attendance

Name	Date																					

Monthe Of:

Week of

Goal

- ○ ----------------------
- ○ ----------------------
- ○ ----------------------
- ○ ----------------------
- ○ ----------------------
- ○ ----------------------

Important dates

▶ ----------------------
▶ ----------------------
▶ ----------------------
▶ ----------------------
▶ ----------------------

Monday _____

Tuesday _____

Wednesday _____

Thursday _____

Monthe Of:

Friday

Saturday

Sunday

I am grateful for

Notes

Ideas for the next week

Monthe Of:

Week of

Goal

○ --------------------
○ --------------------
○ --------------------
○ --------------------
○ --------------------
○ --------------------

Important dates

▶ --------------------
▶ --------------------
▶ --------------------
▶ --------------------
▶ --------------------

Monday ⸺⸺⸺⸺

Tuesday ⸺⸺⸺⸺

Wednesday ⸺⸺⸺⸺

Thursday ⸺⸺⸺⸺

Monthe Of:

Friday

Saturday

Sunday

I am grateful for

Notes

Ideas for the next week

Monthe Of:

Week of	Monday

Goal

- ○ ------
- ○ ------
- ○ ------
- ○ ------
- ○ ------
- ○ ------

Important dates

- ▶ ------
- ▶ ------
- ▶ ------
- ▶ ------
- ▶ ------

Monday ―――――

Tuesday ―――――

Wednesday ―――――

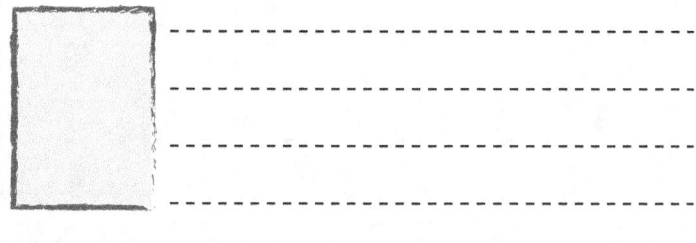

Thursday ―――――

Monthe Of:

Friday

Saturday

Sunday

I am grateful for

Notes

Ideas for the next week

Monthe Of:

Week of

Goal

○ ------------------
○ ------------------
○ ------------------
○ ------------------
○ ------------------
○ ------------------

Important dates

▶ ------------------
▶ ------------------
▶ ------------------
▶ ------------------
▶ ------------------

Monday _____

Tuesday _____

Wednesday _____

Thursday _____

Monthe Of:

Friday _____

Saturday _____

Sunday _____

I am grateful for

Notes

Ideas for the next week

Monthe Of:

Week of

Goal

- ○ ---
- ○ ---
- ○ ---
- ○ ---
- ○ ---
- ○ ---

Important dates

▸ ---
▸ ---
▸ ---
▸ ---
▸ ---

Monday ────────

Tuesday ────────

Wednesday ────────

Thursday ────────

Monthe Of:

Friday _____

Saturday _____

Sunday _____

I am grateful for

Notes

Ideas for the next week

Meeting Log

Month of:

Date __/__/__ Duration	Agenda	Notes
Date __/__/__ Duration	Agenda	Notes
Date __/__/__ Duration	Agenda	Notes
Date __/__/__ Duration	Agenda	Notes

Attendance

Name	Date																				

Monthe Of:

Week of

Goal

- ○ ----------------------
- ○ ----------------------
- ○ ----------------------
- ○ ----------------------
- ○ ----------------------
- ○ ----------------------

Important dates

▸ ----------------------
▸ ----------------------
▸ ----------------------
▸ ----------------------
▸ ----------------------

Monday ⟶

Tuesday ⟶

Wednesday ⟶

Thursday ⟶

Monthe Of:

Friday _____

Saturday _____

Sunday _____

I am grateful for

Notes

Ideas for the next week

Monthe Of:

Week of

Goal

- ○ ------------------
- ○ ------------------
- ○ ------------------
- ○ ------------------
- ○ ------------------
- ○ ------------------

Important dates

▶ ------------------
▶ ------------------
▶ ------------------
▶ ------------------
▶ ------------------

Monday _____

Tuesday _____

Wednesday _____

Thursday _____

Monthe Of:

Friday

Saturday

Sunday

I am grateful for

Notes

Ideas for the next week

Monthe Of:

Week of

Goal

○ ---
○ ---
○ ---
○ ---
○ ---
○ ---

Important dates

▶ ---
▶ ---
▶ ---
▶ ---
▶ ---

Monday
- - -
- - -
- - -
- - -
- - -

Tuesday
- - -
- - -
- - -
- - -
- - -

Wednesday
- - -
- - -
- - -
- - -
- - -

Thursday
- - -
- - -
- - -
- - -
- - -

Monthe Of:

Friday ——————————

Saturday ——————————

Sunday ——————————

I am grateful for

Notes

Ideas for the next week

Monthe Of:

Week of

Goal

- ....
- ....
- ....
- ....
- ....
- ....

Important dates

▸ ....
▸ ....
▸ ....
▸ ....
▸ ....

Monday ──────────

Tuesday ──────────

Wednesday ──────────

Thursday ──────────

Monthe Of:

Friday ―――――――――――

――――――――――――――――――
――――――――――――――――――
――――――――――――――――――
――――――――――――――――――
――――――――――――――――――

Saturday ―――――――――――

――――――――――――――――――
――――――――――――――――――
――――――――――――――――――
――――――――――――――――――
――――――――――――――――――

Sunday ―――――――――――

――――――――――――――――――
――――――――――――――――――
――――――――――――――――――
――――――――――――――――――
――――――――――――――――――

I am grateful for

――――――――――――――――――
――――――――――――――――――
――――――――――――――――――

Notes

――――――――――――――――――
――――――――――――――――――
――――――――――――――――――
――――――――――――――――――
――――――――――――――――――
――――――――――――――――――
――――――――――――――――――
――――――――――――――――――
――――――――――――――――――
――――――――――――――――――
――――――――――――――――――
――――――――――――――――――

Ideas for the next week

――――――――――――――――――
――――――――――――――――――
――――――――――――――――――
――――――――――――――――――
――――――――――――――――――

Monthe Of:

Week of

Goal

- ○ ----------------
- ○ ----------------
- ○ ----------------
- ○ ----------------
- ○ ----------------
- ○ ----------------

Important dates

▸ ----------------
▸ ----------------
▸ ----------------
▸ ----------------
▸ ----------------

Monday _____

Tuesday _____

Wednesday _____

Thursday _____

Monthe Of:

Friday _____

Saturday _____

Sunday _____

I am grateful for

Notes

Ideas for the next week

Meeting Log

Month of:

	Agenda	Notes
Date __/__/__ **Duration**		
Date __/__/__ **Duration**		
Date __/__/__ **Duration**		
Date __/__/__ **Duration**		

Attendance

Name	Date																					

Monthe Of:

Week of

Goal

- ○ ----------
- ○ ----------
- ○ ----------
- ○ ----------
- ○ ----------
- ○ ----------

Important dates

▸ ----------
▸ ----------
▸ ----------
▸ ----------
▸ ----------

Monday ⸺⸺⸺⸺

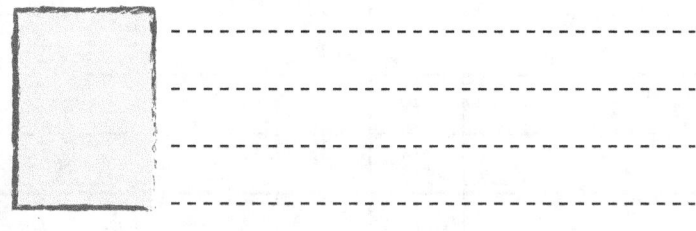

Tuesday ⸺⸺⸺⸺

Wednesday ⸺⸺⸺⸺

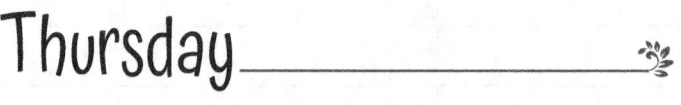

Thursday ⸺⸺⸺⸺

Monthe Of:

Friday

Saturday

Sunday

I am grateful for

Notes

Ideas for the next week

Monthe Of:

Week of

Goal

- ○ ----------------
- ○ ----------------
- ○ ----------------
- ○ ----------------
- ○ ----------------
- ○ ----------------

Important dates

- ▶ ----------------
- ▶ ----------------
- ▶ ----------------
- ▶ ----------------
- ▶ ----------------

Monday

Tuesday

Wednesday

Thursday

Monthe Of:

Friday ⎯⎯⎯⎯⎯⎯⎯⎯⎯⎯

Saturday ⎯⎯⎯⎯⎯⎯⎯⎯⎯

Sunday ⎯⎯⎯⎯⎯⎯⎯⎯⎯⎯

I am grateful for

Notes

Ideas for the next week

Monthe Of:

Week of

Goal

○ ------------------
○ ------------------
○ ------------------
○ ------------------
○ ------------------
○ ------------------

Important dates

▶ ------------------
▶ ------------------
▶ ------------------
▶ ------------------
▶ ------------------

Monday ───────────

Tuesday ───────────

Wednesday ───────────

Thursday ───────────

Monthe Of:

Friday

Saturday

Sunday

I am grateful for

Notes

Ideas for the next week

Monthe Of:

Week of

Goal

○ ----------------------
○ ----------------------
○ ----------------------
○ ----------------------
○ ----------------------
○ ----------------------

Important dates

▶ ----------------------
▶ ----------------------
▶ ----------------------
▶ ----------------------
▶ ----------------------

Monday ──────────

Tuesday ──────────

Wednesday ──────────

Thursday ──────────

Monthe Of:

Friday

Saturday

Sunday

I am grateful for

Notes

Ideas for the next week

Monthe Of:

Week of

Goal

- ○ ------------------------------
- ○ ------------------------------
- ○ ------------------------------
- ○ ------------------------------
- ○ ------------------------------
- ○ ------------------------------

Important dates

▶ ------------------------------
▶ ------------------------------
▶ ------------------------------
▶ ------------------------------
▶ ------------------------------

Monday _____

Tuesday _____

Wednesday _____

Thursday _____

Monthe Of:

Friday

Saturday

Sunday

I am grateful for

Notes

Ideas for the next week

Meeting Log

Month of:

	Agenda	Notes
Date ___/___/___ **Duration**		
Date ___/___/___ **Duration**		
Date ___/___/___ **Duration**		
Date ___/___/___ **Duration**		

Attendance

Name	Date																									

Monthe Of:

Week of

Goal

- ○ ----------------------
- ○ ----------------------
- ○ ----------------------
- ○ ----------------------
- ○ ----------------------
- ○ ----------------------

Important dates

▸ ----------------------
▸ ----------------------
▸ ----------------------
▸ ----------------------
▸ ----------------------

Monday ─────────────

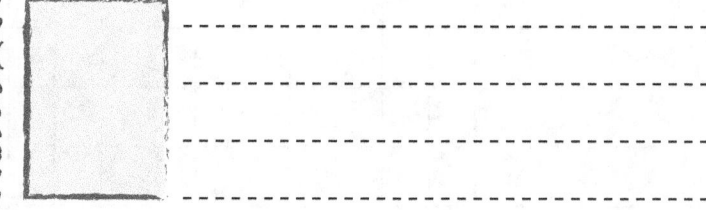

Tuesday ─────────────

Wednesday ─────────────

Thursday ─────────────

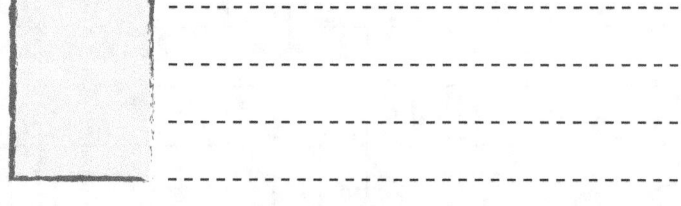

Monthe Of:

Friday

Saturday

Sunday

I am grateful for

Notes

Ideas for the next week

Monthe Of:

Week of

Goal

○ ----------------
○ ----------------
○ ----------------
○ ----------------
○ ----------------
○ ----------------

Important dates

▶ ----------------
▶ ----------------
▶ ----------------
▶ ----------------
▶ ----------------

Monday ────────────

Tuesday ────────────

Wednesday ────────────

Thursday ────────────

Monthe Of:

Friday ─────────────

☐ ----------------

Saturday ─────────────

☐ ----------------

Sunday ─────────────

☐ ----------------

I am grateful for

Notes

Ideas for the next week

Monthe Of:

Week of

Goal

- ○ ------------------
- ○ ------------------
- ○ ------------------
- ○ ------------------
- ○ ------------------
- ○ ------------------

Important dates

▶ ------------------
▶ ------------------
▶ ------------------
▶ ------------------
▶ ------------------

Monday ────────

Tuesday ────────

Wednesday ────────

Thursday ────────

Monthe Of:

Friday

Notes

Saturday

Sunday

Ideas for the next week

I am grateful for

Monthe Of:

Week of

Goal

- ○ ----------------------
- ○ ----------------------
- ○ ----------------------
- ○ ----------------------
- ○ ----------------------
- ○ ----------------------

Important dates

▶ ----------------------
▶ ----------------------
▶ ----------------------
▶ ----------------------
▶ ----------------------

Monday ────────

Tuesday ────────

Wednesday ────────

Thursday ────────

Monthe Of:

Friday

Saturday

Sunday

I am grateful for

Notes

Ideas for the next week

Monthe Of:

Week of

Goal

- ○ ....
- ○ ....
- ○ ....
- ○ ....
- ○ ....
- ○ ....

Important dates

▸ ....
▸ ....
▸ ....
▸ ....
▸ ....

Monday

Tuesday

Wednesday

Thursday

Monthe Of:

Friday

Saturday

Sunday

I am grateful for

Notes

Ideas for the next week

Meeting Log

Month of:

	Agenda	Notes
Date __/__/__ **Duration**		
Date __/__/__ **Duration**		
Date __/__/__ **Duration**		
Date __/__/__ **Duration**		

Attendance

Name	Date																				

Monthe Of:

Week of

Goal

- ○ ....
- ○ ....
- ○ ....
- ○ ....
- ○ ....
- ○ ....

Important dates

▸ ....
▸ ....
▸ ....
▸ ....
▸ ....

Monday ─────────
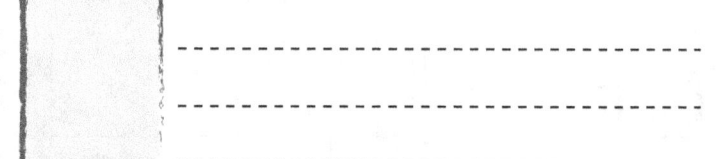

Tuesday ─────────

Wednesday ─────────

Thursday ─────────

Monthe Of:

Friday _____

Saturday _____

Sunday _____

I am grateful for

Notes

Ideas for the next week

Monthe Of:

Week of

Goal

○ --
○ --
○ --
○ --
○ --
○ --

Important dates

▶ --
▶ --
▶ --
▶ --
▶ --

Monday ────────────────────

Tuesday ────────────────────

Wednesday ────────────────────

Thursday ────────────────────

Monthe Of:

Friday

Saturday

Sunday

I am grateful for

Notes

Ideas for the next week

Monthe Of:

Week of

Goal

- ○ ----------------------------
- ○ ----------------------------
- ○ ----------------------------
- ○ ----------------------------
- ○ ----------------------------
- ○ ----------------------------

Important dates

➤ ----------------------------
➤ ----------------------------
➤ ----------------------------
➤ ----------------------------
➤ ----------------------------

Monday ──────────
```
------------------------
------------------------
------------------------
------------------------
------------------------
```

Tuesday ──────────
```
------------------------
------------------------
------------------------
------------------------
------------------------
```

Wednesday ──────────
```
------------------------
------------------------
------------------------
------------------------
------------------------
```

Thursday ──────────
```
------------------------
------------------------
------------------------
------------------------
------------------------
```

Monthe Of:

Friday

Saturday

Sunday

I am grateful for

Notes

Ideas for the next week

Monthe Of:

Week of

Goal

○ ----------------------------
○ ----------------------------
○ ----------------------------
○ ----------------------------
○ ----------------------------
○ ----------------------------

Important dates

▸ ----------------------------
▸ ----------------------------
▸ ----------------------------
▸ ----------------------------
▸ ----------------------------

Monday _____

Tuesday _____

Wednesday _____

Thursday _____

Monthe Of:

Friday _____

Saturday _____

Sunday _____

I am grateful for

Notes

Ideas for the next week

Monthe Of:

Week of

Goal

- ○ ------------------------------
- ○ ------------------------------
- ○ ------------------------------
- ○ ------------------------------
- ○ ------------------------------
- ○ ------------------------------

Important dates

▸ ------------------------------
▸ ------------------------------
▸ ------------------------------
▸ ------------------------------
▸ ------------------------------

Monday _____

Tuesday _____

Wednesday _____

Thursday _____

Monthe Of:

Friday

Saturday

Sunday

I am grateful for

Notes

Ideas for the next week

Meeting Log

Month of:

Date __/__/__ Duration	Agenda	Notes

Date __/__/__ Duration	Agenda	Notes

Date __/__/__ Duration	Agenda	Notes

Date __/__/__ Duration	Agenda	Notes

Attendance

Name	Date																							

Monthe Of:

Week of

Goal

- ○ ------------------------------
- ○ ------------------------------
- ○ ------------------------------
- ○ ------------------------------
- ○ ------------------------------
- ○ ------------------------------

Important dates

▶ ------------------------------
▶ ------------------------------
▶ ------------------------------
▶ ------------------------------
▶ ------------------------------

Monday ───────
```
_____
_____
_____
_____
_____
```

Tuesday ───────
```
_____
_____
_____
_____
_____
```

Wednesday ───────
```
_____
_____
_____
_____
_____
```

Thursday ───────
```
_____
_____
_____
```

Monthe Of:

Friday

Saturday

Sunday

I am grateful for

Notes

Ideas for the next week

Monthe Of:

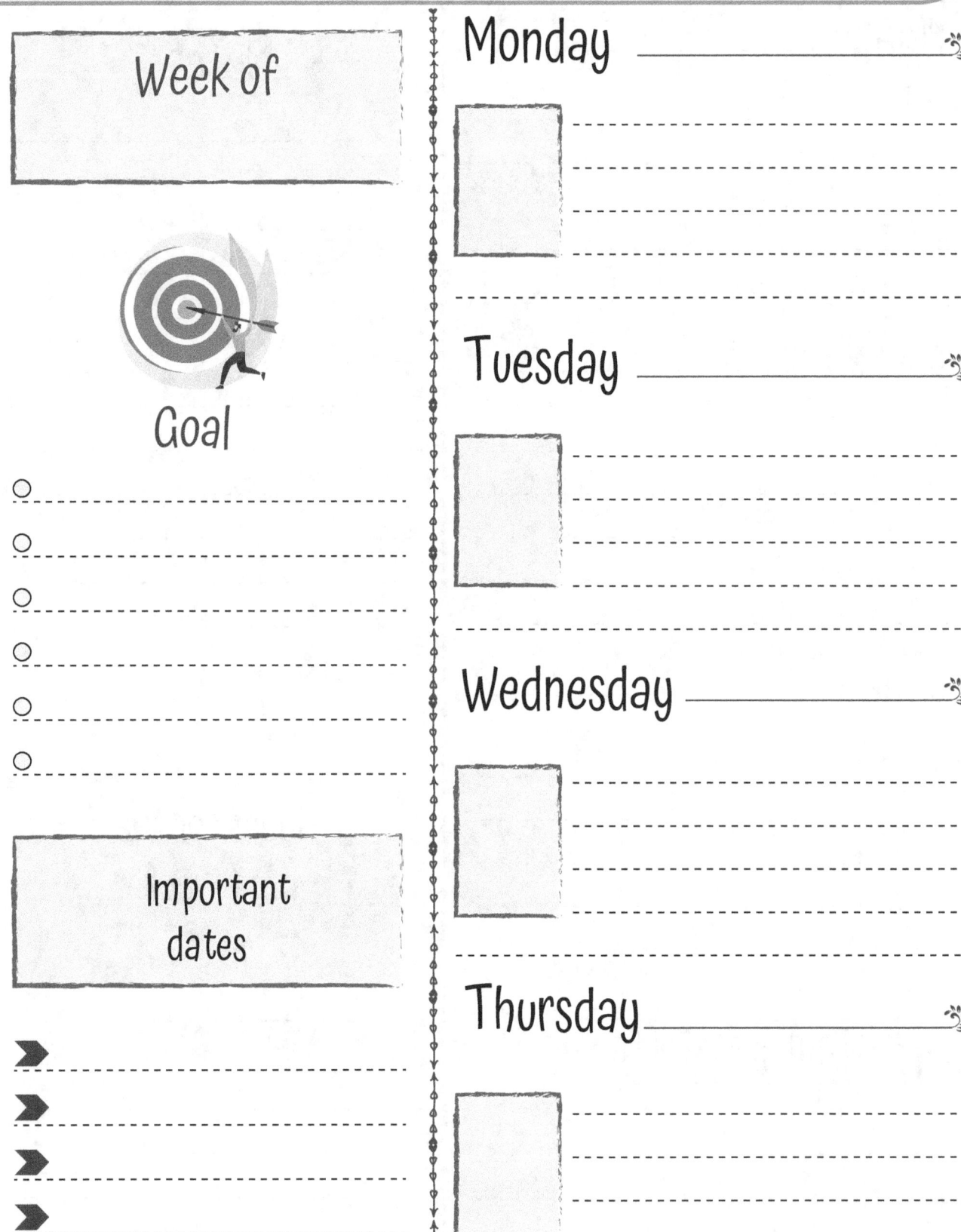

Monthe Of:

Friday

Saturday

Sunday

I am grateful for

Notes

Ideas for the next week

Monthe Of:

Week of

Goal

○ ----------------------
○ ----------------------
○ ----------------------
○ ----------------------
○ ----------------------
○ ----------------------

Important dates

▶ ----------------------
▶ ----------------------
▶ ----------------------
▶ ----------------------
▶ ----------------------

Monday ⎯⎯⎯⎯⎯⎯⎯⎯
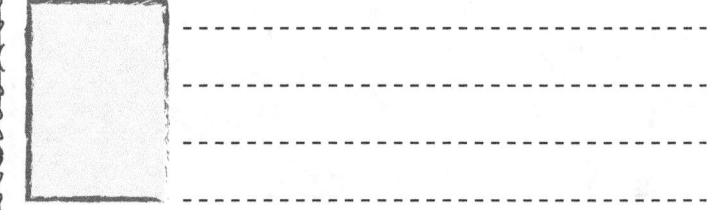

Tuesday ⎯⎯⎯⎯⎯⎯⎯⎯

Wednesday ⎯⎯⎯⎯⎯⎯⎯⎯
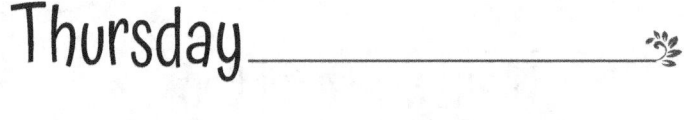

Thursday ⎯⎯⎯⎯⎯⎯⎯⎯

Monthe Of:

Friday _____

Saturday _____

Sunday _____

I am grateful for

Notes

Ideas for the next week

Monthe Of:

Week of

Goal

- ○ ....
- ○ ....
- ○ ....
- ○ ....
- ○ ....
- ○ ....

Important dates

▸ ....
▸ ....
▸ ....
▸ ....
▸ ....

Monday _____

Tuesday _____

Wednesday _____

Thursday _____

Monthe Of:

Friday

Saturday

Sunday

I am grateful for

Notes

Ideas for the next week

Monthe Of:

Week of

Goal

- ○ ------------------
- ○ ------------------
- ○ ------------------
- ○ ------------------
- ○ ------------------
- ○ ------------------

Important dates

▸ ------------------
▸ ------------------
▸ ------------------
▸ ------------------
▸ ------------------

Monday _____

Tuesday _____

Wednesday _____

Thursday _____

Monthe Of:

Friday

Saturday

Sunday

I am grateful for

Notes

Ideas for the next week

Meeting Log

Month of:

	Agenda	Notes
Date __/__/__ **Duration**		
Date __/__/__ **Duration**		
Date __/__/__ **Duration**		
Date __/__/__ **Duration**		

Attendance

Name	Date																				

Monthe Of:

Week of _____

Goal

- ○ _____
- ○ _____
- ○ _____
- ○ _____
- ○ _____
- ○ _____

Important dates

- ▶ _____
- ▶ _____
- ▶ _____
- ▶ _____
- ▶ _____

Monday _____

Tuesday _____

Wednesday _____

Thursday _____
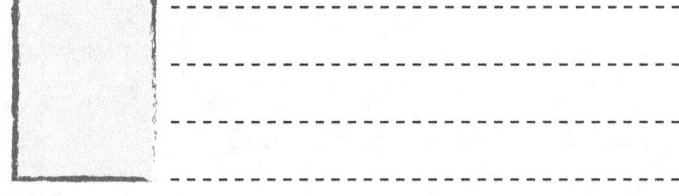

Monthe Of:

Friday

Saturday

Sunday

I am grateful for

Notes

Ideas for the next week

Monthe Of:

Week of

Goal

○ ------------------
○ ------------------
○ ------------------
○ ------------------
○ ------------------
○ ------------------

Important dates

▶ ------------------
▶ ------------------
▶ ------------------
▶ ------------------
▶ ------------------

Monday _____

Tuesday _____

Wednesday _____

Thursday _____

Monthe Of:

Friday

Saturday

Sunday

I am grateful for

Notes

Ideas for the next week

Monthe Of:

Week of

Goal

- ○ ------------------------------
- ○ ------------------------------
- ○ ------------------------------
- ○ ------------------------------
- ○ ------------------------------
- ○ ------------------------------

Important dates

▶ ------------------------------
▶ ------------------------------
▶ ------------------------------
▶ ------------------------------
▶ ------------------------------

Monday ────────────

Tuesday ────────────

Wednesday ────────────

Thursday ────────────

Monthe Of:

Friday _____

Saturday _____

Sunday _____

I am grateful for

Notes

Ideas for the next week

Monthe Of:

Week of

Goal

- ....
- ....
- ....
- ....
- ....
- ....

Important dates

▸ ....
▸ ....
▸ ....
▸ ....
▸ ....

Monday ━━━━━━━━━

Tuesday ━━━━━━━━━

Wednesday ━━━━━━━━━

Thursday ━━━━━━━━━

Monthe Of:

Friday

Saturday

Sunday

I am grateful for

Notes

Ideas for the next week

Monthe Of:

Week of

Goal

- ○ ----------------------------
- ○ ----------------------------
- ○ ----------------------------
- ○ ----------------------------
- ○ ----------------------------
- ○ ----------------------------

Important dates

▶ ----------------------------
▶ ----------------------------
▶ ----------------------------
▶ ----------------------------
▶ ----------------------------

Monday ⎯⎯⎯⎯⎯⎯⎯⎯

Tuesday ⎯⎯⎯⎯⎯⎯⎯⎯

Wednesday ⎯⎯⎯⎯⎯⎯⎯⎯

Thursday ⎯⎯⎯⎯⎯⎯⎯⎯

Monthe Of:

Friday

Saturday

Sunday

I am grateful for

Notes

Ideas for the next week

Meeting Log

Month of:

	Agenda	Notes
Date __/__/__ **Duration**		
Date __/__/__ **Duration**		
Date __/__/__ **Duration**		
Date __/__/__ **Duration**		

Attendance

Name	Date																					

Monthe Of:

Week of

Goal

○ ------------------------
○ ------------------------
○ ------------------------
○ ------------------------
○ ------------------------
○ ------------------------

Important dates

▶ ------------------------
▶ ------------------------
▶ ------------------------
▶ ------------------------
▶ ------------------------

Monday ————————

Tuesday ————————

Wednesday ————————

Thursday ————————

Monthe Of:

Friday

Saturday

Sunday

I am grateful for

Notes

Ideas for the next week

Monthe Of:

Week of

Goal

○ ----------------
○ ----------------
○ ----------------
○ ----------------
○ ----------------
○ ----------------

Important dates

▶ ----------------
▶ ----------------
▶ ----------------
▶ ----------------
▶ ----------------

Monday ────────

Tuesday ────────

Wednesday ────────

Thursday ────────

Monthe Of:

Friday ―――――――――――

――――――――――――――――――――
――――――――――――――――――――
――――――――――――――――――――
――――――――――――――――――――

Saturday ―――――――――――

――――――――――――――――――――
――――――――――――――――――――
――――――――――――――――――――
――――――――――――――――――――

Sunday ―――――――――――

――――――――――――――――――――
――――――――――――――――――――
――――――――――――――――――――
――――――――――――――――――――

| I am grateful for |

――――――――――――――――――――
――――――――――――――――――――
――――――――――――――――――――

| Notes |

――――――――――――――――――――
――――――――――――――――――――
――――――――――――――――――――
――――――――――――――――――――
――――――――――――――――――――
――――――――――――――――――――
――――――――――――――――――――
――――――――――――――――――――
――――――――――――――――――――
――――――――――――――――――――
――――――――――――――――――――
――――――――――――――――――――

Ideas for the next week

――――――――――――――――――――
――――――――――――――――――――
――――――――――――――――――――
――――――――――――――――――――

Monthe Of:

Week of

Goal

○ ------------------------------
○ ------------------------------
○ ------------------------------
○ ------------------------------
○ ------------------------------
○ ------------------------------

Important dates

▶ ------------------------------
▶ ------------------------------
▶ ------------------------------
▶ ------------------------------
▶ ------------------------------

Monday _____

Tuesday _____

Wednesday _____

Thursday _____

Monthe Of:

Friday

Saturday

Sunday

I am grateful for

Notes

Ideas for the next week

Monthe Of:

Week of

Goal

○ ------------------
○ ------------------
○ ------------------
○ ------------------
○ ------------------
○ ------------------

Important dates

▶ ------------------
▶ ------------------
▶ ------------------
▶ ------------------
▶ ------------------

Monday _____

Tuesday _____

Wednesday _____

Thursday _____

Monthe Of:

Friday

Saturday

Sunday

I am grateful for

Notes

Ideas for the next week

Monthe Of:

Week of

Goal

- ○ ----------------------------
- ○ ----------------------------
- ○ ----------------------------
- ○ ----------------------------
- ○ ----------------------------
- ○ ----------------------------

Important dates

- ▶ ----------------------------
- ▶ ----------------------------
- ▶ ----------------------------
- ▶ ----------------------------
- ▶ ----------------------------

Monday _____

Tuesday _____

Wednesday _____

Thursday _____

Monthe Of:

Friday ———————

☐ ----------------

Saturday ———————

☐ ----------------

Sunday ———————

☐ ----------------

I am grateful for

Notes

Ideas for the next week

Meeting Log

Month of:

Date __/__/__	Agenda	Notes
Duration		

Date __/__/__	Agenda	Notes
Duration		

Date __/__/__	Agenda	Notes
Duration		

Date __/__/__	Agenda	Notes
Duration		

Attendance

Name	Date																								

Monthe Of:

Week of

Goal

○ ------------------
○ ------------------
○ ------------------
○ ------------------
○ ------------------
○ ------------------

Important dates

▶ ------------------
▶ ------------------
▶ ------------------
▶ ------------------
▶ ------------------

Monday ―――――――

Tuesday ―――――――

Wednesday ―――――――

Thursday ―――――――

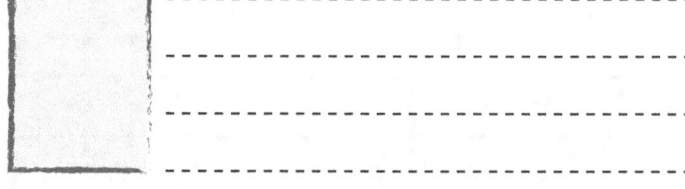

Monthe Of:

Friday

Saturday

Sunday

I am grateful for

Notes

Ideas for the next week

Monthe Of:

Week of

Goal

- ○ -------------------------------
- ○ -------------------------------
- ○ -------------------------------
- ○ -------------------------------
- ○ -------------------------------
- ○ -------------------------------

Important dates

- ▶ -------------------------------
- ▶ -------------------------------
- ▶ -------------------------------
- ▶ -------------------------------
- ▶ -------------------------------

Monday _____

Tuesday _____

Wednesday _____

Thursday _____

Monthe Of:

Friday ──────────

Saturday ──────────

Sunday ──────────

I am grateful for

Notes

Ideas for the next week

Monthe Of:

Week of

Goal

- ○ ----------------------
- ○ ----------------------
- ○ ----------------------
- ○ ----------------------
- ○ ----------------------
- ○ ----------------------

Important dates

▶ ----------------------
▶ ----------------------
▶ ----------------------
▶ ----------------------
▶ ----------------------

Monday _____

Tuesday _____

Wednesday _____

Thursday _____

Monthe Of:

Friday _____

Saturday _____

Sunday _____

I am grateful for

Notes

Ideas for the next week

Monthe Of:

Week of

Goal

○ ------------------
○ ------------------
○ ------------------
○ ------------------
○ ------------------
○ ------------------

Important dates

▶ ------------------
▶ ------------------
▶ ------------------
▶ ------------------
▶ ------------------

Monday ——————

Tuesday ——————

Wednesday ——————

Thursday ——————

Monthe Of:

Friday

Saturday

Sunday

I am grateful for

Notes

Ideas for the next week

Monthe Of:

Week of

Goal

○ ---------------------------
○ ---------------------------
○ ---------------------------
○ ---------------------------
○ ---------------------------
○ ---------------------------

Important dates

▶ ---------------------------
▶ ---------------------------
▶ ---------------------------
▶ ---------------------------
▶ ---------------------------

Monday _____

Tuesday _____

Wednesday _____

Thursday _____

Monthe Of:

Friday

Saturday

Sunday

I am grateful for

Notes

Ideas for the next week

Meeting Log

Month of:

	Agenda	Notes
Date __/__/__ **Duration**		
Date __/__/__ **Duration**		
Date __/__/__ **Duration**		
Date __/__/__ **Duration**		

Attendance

Name	Date																													

Monthe Of:

Week of

Goal

○ ------------------------------
○ ------------------------------
○ ------------------------------
○ ------------------------------
○ ------------------------------
○ ------------------------------

Important dates

▶ ------------------------------
▶ ------------------------------
▶ ------------------------------
▶ ------------------------------
▶ ------------------------------

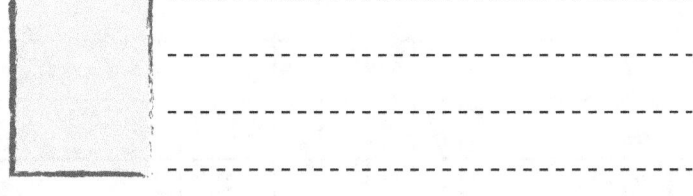

Monthe Of:

Friday

Saturday

Sunday

I am grateful for

Notes

Ideas for the next week

Monthe Of:

Week of

Goal

○ ------------------------
○ ------------------------
○ ------------------------
○ ------------------------
○ ------------------------
○ ------------------------

Important dates

▶ ------------------------
▶ ------------------------
▶ ------------------------
▶ ------------------------
▶ ------------------------

Monday ―――――――――

Tuesday ―――――――――

Wednesday ―――――――――

Thursday ―――――――――

Monthe Of:

Friday _____

☐ ----------------------

Saturday _____

☐ ----------------------

Sunday _____

☐ ----------------------

I am grateful for

Notes

Ideas for the next week

Monthe Of:

Week of

Goal

- ○ ------------------
- ○ ------------------
- ○ ------------------
- ○ ------------------
- ○ ------------------
- ○ ------------------

Important dates

▶ ------------------
▶ ------------------
▶ ------------------
▶ ------------------
▶ ------------------

Monday ────────────

Tuesday ────────────

Wednesday ────────────

Thursday ────────────

Monthe Of:

Friday

Saturday

Sunday

I am grateful for

Notes

Ideas for the next week

Monthe Of:

Week of

Goal

○ ------------------
○ ------------------
○ ------------------
○ ------------------
○ ------------------
○ ------------------

Important dates

▶ ------------------
▶ ------------------
▶ ------------------
▶ ------------------
▶ ------------------

Monday ⸺⸺⸺⸺

Tuesday ⸺⸺⸺⸺

Wednesday ⸺⸺⸺⸺

Thursday ⸺⸺⸺⸺

Brain Dump

Brain Dump

Brain Dump

Brain Dump

Note

Note

Note

Note

Set plan

Term -1

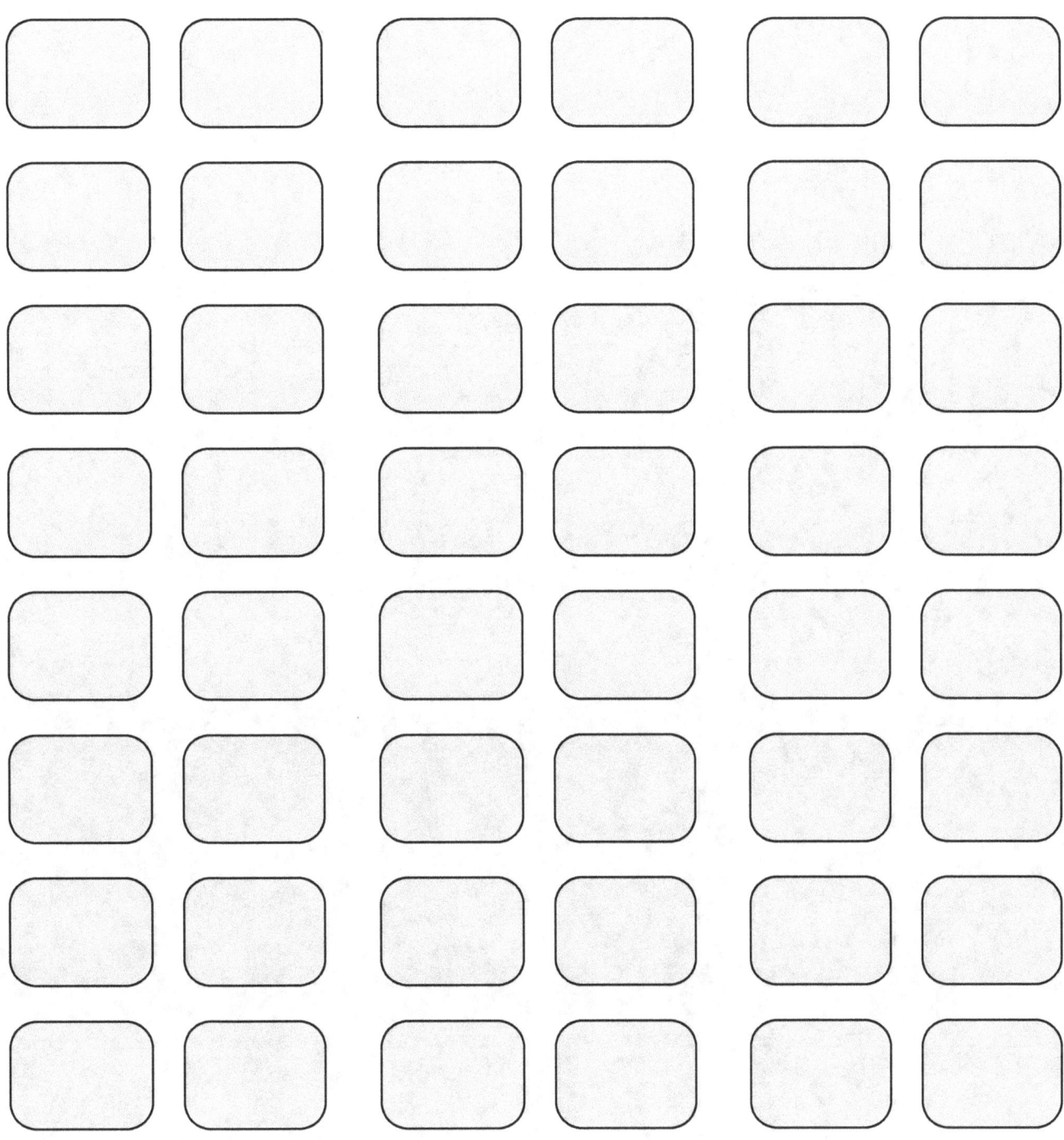

Set plan

Term -2

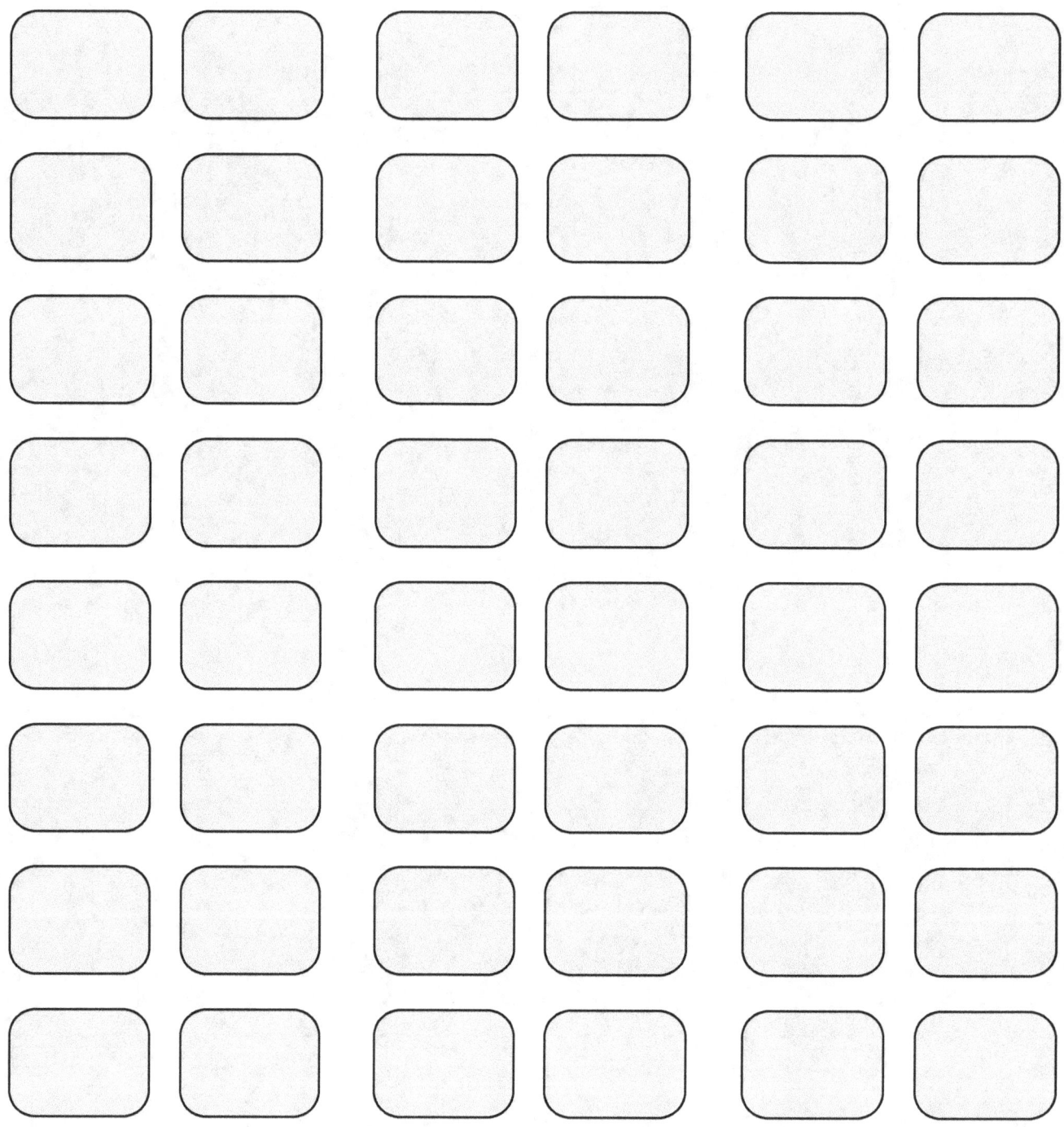

Set plan

Term -3

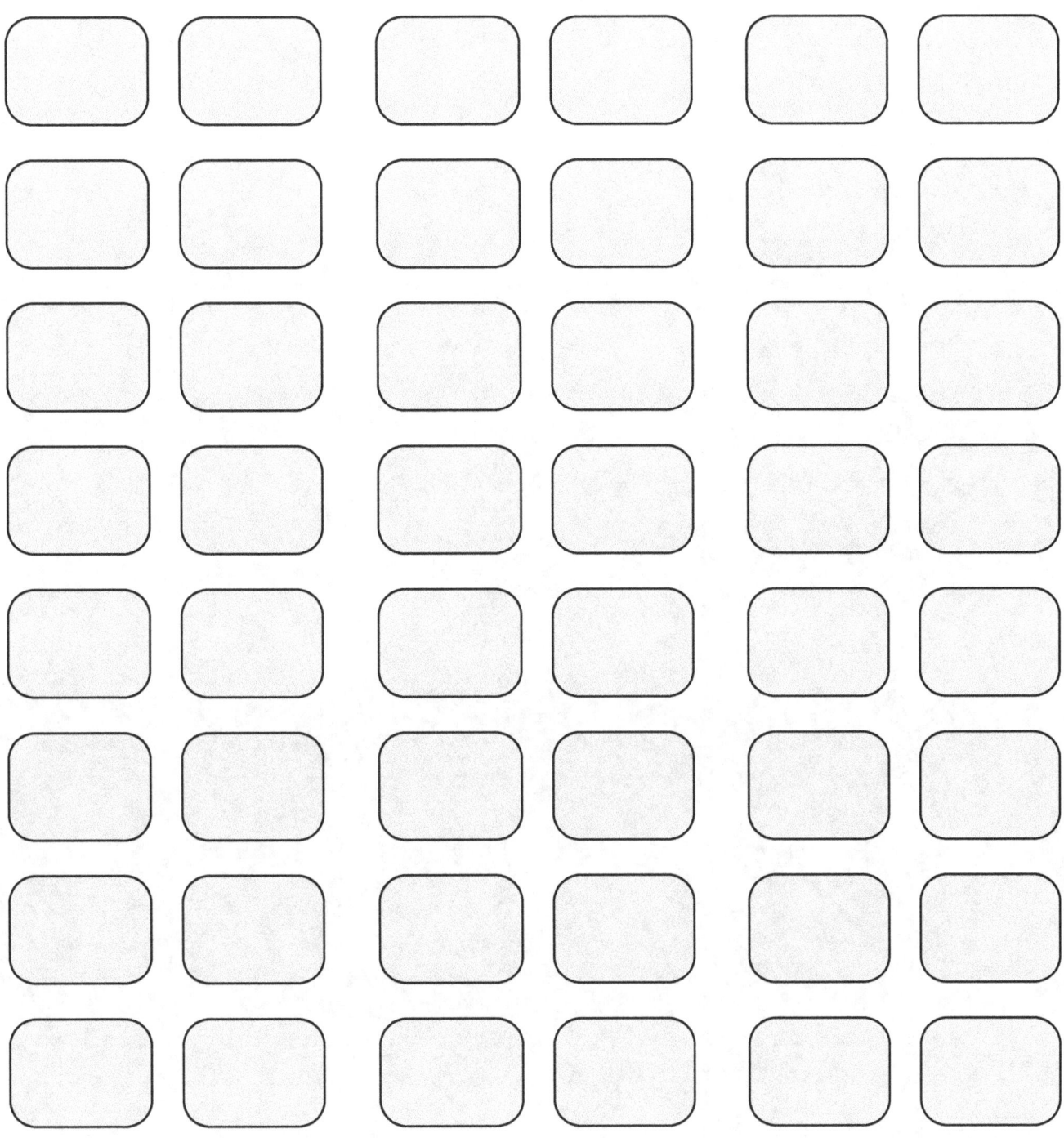

www.ingramcontent.com/pod-product-compliance
Lightning Source LLC
LaVergne TN
LVHW060154080526
838202LV00052B/4149